DE LA
PROPRIÉTÉ LITTÉRAIRE
ET ARTISTIQUE

PAR

DANIEL DE FOLLEVILLE

Avocat à la Cour d'appel de Douai,
Professeur de Code civil à la Faculté de droit,
l'un des Vice-Présidents de l'Association internationale pour la réforme
et la codification du droit des gens.

(ARTICLE EXTRAIT DE *LA FRANCE JUDICIAIRE*)

PRIX : 1 FRANC

PARIS

A. DURAND et PEDONE-LAURIEL, Éditeurs,

LIBRAIRES DE LA COUR D'APPEL ET DE L'ORDRE DES AVOCATS

9, rue Cujas (ancienne rue des Grès)

1877

DE LA PROPRIÉTÉ

LITTÉRAIRE ET ARTISTIQUE

AUTRES OUVRAGES DU MÊME AUTEUR

Des caractères distinctifs des associations commerciales en participation (1865). DURAND. Une brochure in-8º. — *Épuisée.*

Considérations générales sur l'acquisition ou la libération par l'effet du temps 1869). THORIN. 1 vol. gr. in-8º.. 3 »

De l'interdiction considérée comme cause de séparation de biens judiciaire (1870). COTILLON. Une brochure in-8º.. 1 50

Étude sur le paiement avec subrogation; ses caractères distinctifs (1871). THORIN. Une brochure in-8º... 1 »

Programme sommaire du cours de Code civil (*Deuxième examen*), *avec une Étude sur le partage d'ascendants* (1871). THORIN. 1 vol. in-8º.............................. 8 »

Étude sur la jonction des possessions (*art. 2235 du Code civil*) (1871). MARESCQ aîné. Une brochure in-8º... 2 50

De la revendication des titres au porteur en matière de faillite (1871). MARESCQ aîné. Une brochure in-8º.. 1 »

De la publicité des contrats pécuniaires de mariage, d'après la loi du 10 juillet 1850. MARESCQ aîné (1872). Une brochure in-8º............................ 2 »

La loi du 12 août 1870 et le cours forcé des billets de la Banque de France (1872). MARESCQ aîné. Une brochure in-8º....................................... » 50

Sommaire du cours de Code civil (*Premier examen*). MARESCQ aîné. Une brochure in-8º. — Seconde édition (1876).. 2 50.

Notion du droit et de l'Obligation (quatre premières leçons d'un cours triennal de Code civil), 1877 (seconde édition sous presse)................................ 2 50

De la légitimation des enfants incestueux (simple note extraite du *Recueil spécial de Jurisprudence de la Cour de Douai*, t. XXXI, p. 109 (1873). THORIN. Une brochure in-8º.......... » 50

De la délégation des fonctions de l'instruction aux juges suppléants (1873). THORIN. Une brochure in-8º.. » 50

Comparaison des articles 434, 443 et 479 § 1er du Code pénal (Compte rendu d'une réforme proposée par M. DE CAUDAVEINE, président de chambre à la Cour d'appel de Douai (1874). MARESCQ aîné. Une brochure in-8º................................... » 50

Essai sur la vente de la chose d'autrui (1874). MARESCQ aîné. 1 vol. in-8º........ 3 50

De la possession précaire (1874). MARESCQ aîné. Une brochure in-8º............... 1 50

Traité de la possession des meubles et des titres au porteur. MARESCQ aîné. 1 fort vol. in-8º. — Seconde édition (1875)...................................... 12 »

Des clauses de remploi et de la société d'acquêts sous le régime dotal (Étude suivie du programme de six cours sur la communauté réduite aux acquêts (1875). MARESCQ aîné. Une brochure in-8º.. 2 50

Du paiement du prix par l'acheteur en matière de vente (1875). MARESCQ aîné. Une brochure in-8º.. 1 50

Introduction historique à l'étude du Code civil (1876). MARESCQ aîné. Une brochure in-8º.. 1 50

De la promulgation et de l'application des lois et des décrets (art. 1 du Code civil combiné avec les récentes lois constitutionnelles) (1876). MARESCQ aîné. Une brochure in-8º.. 1 »

De la naturalisation, en pays étranger, des femmes séparées de corps en France, et de l'incompétence des tribunaux en cette matière (1876). MARESCQ aîné. Une brochure in-8º.. 2 »

Questions pratiques de naturalisation : — Situation juridique de la jeune princesse Nadéje Bibesco. (1876). MARESCQ aîné. Une brochure in-8º................... 1 »

Étude sur l'art. 883 (sous presse).

DE LA
PROPRIÉTÉ LITTÉRAIRE
ET ARTISTIQUE

PAR

DANIEL DE FOLLEVILLE

Avocat à la Cour d'appel de Douai,
Professeur de Code civil à la Faculté de droit,
l'un des Vice-Présidents de l'Association internationale pour la réforme
et la codification du droit des gens.

(ARTICLE EXTRAIT DE *LA FRANCE JUDICIAIRE*)

PRIX : 1 FRANC

PARIS

A. DURAND et PEDONE-LAURIEL, Éditeurs,

LIBRAIRES DE LA COUR D'APPEL ET DE L'ORDRE DES AVOCATS

9, rue Cujas (ancienne rue des Grès)

1877

PROPRIÉTÉ LITTÉRAIRE ET ARTISTIQUE

AVANT-PROPOS

La propriété littéraire et artistique a été, après bien des hésitations et des controverses, réglementée par la loi des 14-19 juillet 1866. La propriété industrielle a été reconnue et organisée par une loi plus ancienne, du 5 juillet 1844, art. 4.

Nous nous occuperons exclusivement, dans le présent article, de la propriété littéraire et artistique.

Nous nous proposons d'aborder successivement, en ce qui la concerne, les questions suivantes :

1° Quelle est, *en théorie pure,* la nature, et quel est l'objet des droits d'auteur;

2° Examen de la loi des 14-19 juillet 1866;

3° Notions sommaires sur la législation comparée en matière de propriété littéraire et artistique.

Nous ne sommes plus heureusement au temps où l'administration, saisie d'une plainte de Bernardin de Saint-Pierre, victime d'une contrefaçon audacieuse, répondait à l'illustre auteur des *Études sur la Nature :* « Une contrefaçon est un honneur; elle est la preuve et la sanction des grands succès[1]. »

---

1. Cette réponse singulière se trouve rapportée dans une lettre fort curieuse que la *Revue historique* a publiée : voir le tome sixième, page 595.

PREMIÈRE PARTIE

Quelle est, en théorie pure, la nature de la propriété littéraire
et artistique? — Son objet et son étendue.

La propriété littéraire et artistique se distingue profondément, *dans sa
nature*, de la propriété ordinaire, telle que la définit le Code civil dans les
art. 544-546. Deux différences surtout doivent être signalées :

a. La propriété de droit commun est *perpétuelle;* la propriété littéraire ou
artistique est, au contraire, d'après nos lois actuelles, purement temporaire.
Ainsi le bureau vermoulu de Corneille appartient encore aujourd'hui exclusivement à ses héritiers les plus éloignés, s'il en existe, tandis que les admi-
rables productions de son génie sont tombées dans le domaine de toutes les
nations;

b. La propriété ordinaire est *absolue* et respectée chez tous les peuples,
indépendamment des conventions diplomatiques. Il n'y a, sur ce point, à
établir aucune distinction entre les nationaux et les étrangers. Au contraire,
la propriété littéraire n'est reconnue et protégée d'État à État, en droit international, qu'autant qu'il existe des traités à cet effet.

Quelle est la cause de cet état de choses ?

D'où vient qu'en l'absence de conventions diplomatiques, un étranger qui
serait puni comme voleur, s'il dérobait le moindre objet mobilier, peut im-
punément dépouiller un citoyen de ses plus importantes créations artistiques ou littéraires, en les défigurant peut-être même par des reproductions
ou des traductions inexactes pouvant nuire à la réputation de l'auteur?

C'est que les œuvres de l'esprit, les créations de l'art cessent, par leur
nature même, de constituer, pour leur auteur, un bien individuel et exclusif
dès qu'il les a livrées à la publicité pour laquelle elles sont faites. A partir
de ce moment, en effet, ces travaux sont entrés dans le domaine de l'humanité tout entière, en ce sens que chaque citoyen peut se les assimiler et en
jouir personnellement. Le droit privatif de l'auteur ne peut plus désormais
s'appliquer qu'à la valeur pécuniaire résultant de la mise en circulation, de
la publication et de la vente.

De là même le grand débat qui, en théorie du moins, n'est pas encore apaisé et qui porte à la fois sur la nature intrinsèque du droit des auteurs, et sur la question de savoir si cette sorte de propriété est de droit primordial, naturel et nécessaire, ou si, au contraire, elle ne serait pas une création équitable de la loi positive, appliquant ici, une fois de plus, au nom de l'utilité générale et privée, le grand principe que nul ne doit s'enrichir aux dépens d'autrui. Beaucoup de jurisconsultes ont soutenu que c'est à ce dernier point de vue que se sont rattachées les diverses législations contemporaines; car, ainsi que nous le verrons bientôt, ces législations, tout en proclamant le droit privatif des auteurs, ont limité sa durée à un certain terme, faisant ainsi fléchir la règle de la perpétuité, qui forme le droit commun de la propriété ordinaire, d'après le Code civil (art. 544-546), sous la réserve de l'expropriation pour cause d'utilité publique, moyennant une juste et préalable indemnité.

Quoi qu'il en soit, au point de vue théorique, trois systèmes sont ici en présence :

D'après le premier système, tout auteur doit être considéré comme ayant sur son œuvre un droit primordial, naturel et nécessaire de propriété. Cette propriété est absolue et par conséquent transmissible à perpétuité à ses héritiers ou ayant-cause, comme la propriété ordinaire. L'on invoque, à l'appui de cette doctrine, quatre arguments principaux :

a. La généralité des termes de l'art. 544 du Code civil, lequel proclame que le droit de propriété est absolu dans sa nature et dans sa durée, par suite perpétuel et exclusif, sans distinguer entre la propriété portant sur des objets matériels, et la propriété appliquée aux choses de l'esprit;

b. Quel est d'ailleurs, ajoute-t-on, le fondement de toute propriété? c'est évidemment le travail, en laissant de côté, l'*occupation*, assez rare dans l'état actuel de notre civilisation; le capital, lui-même, n'est pas autre chose que du travail accumulé; or, si un travail est, entre tous, excellent et favorable, c'est surtout le travail intellectuel. — Donc, l'auteur doit être propriétaire absolu et exclusif des productions de son esprit;

c. Et, en effet, au point de vue du simple bon sens, qu'un auteur s'adresse à l'homme le plus illettré, et lui demande, en montrant son dernier ouvrage : cette œuvre est-elle bien à moi? La réponse affirmative n'est pas douteuse; car la première des propriétés, c'est celle de soi-même, de sa propre initiative, de son talent, que l'on a créé et développé par l'étude;

d. Enfin, l'auteur, en jetant dans le fonds commun de l'humanité des idées ou des conceptions nouvelles, rend à la société d'éminents services. La société doit donc respecter réciproquement les droits de l'auteur : elle ne peut pas, sans injustice, le dépouiller, soit de son vivant, soit même, après sa mort, dans la personne de ses héritiers. Donc, à tous les points de vue, il faut maintenir en théorie, la perpétuité du droit des auteurs.

Le second système, extrême en sens contraire, soutient que la nature même des productions littéraires et artistiques est incompatible avec l'existence d'un véritable droit de propriété pour l'auteur. — La société a, sur les œuvres de l'esprit, *un droit absolu et exclusif* : elle peut forcer les auteurs à lui livrer, sans indemnité, le produit de leurs veilles et de leurs travaux.

Cette doctrine invoque surtout les trois motifs suivants :

a. Il ne peut pas y avoir à la fois propriété exclusive et dessaisissement; or, en publiant son œuvre, l'auteur se dessaisit nécessairement, puisque désormais tout le monde peut lire son livre, acheter son tableau, se procurer le groupe de sculpture qu'il a créé. Donc, à ce moment, toute propriété exclusive s'évanouit;

b. Où serait d'ailleurs, la base de cette appropriation prétendue? L'écrivain, l'artiste, l'inventeur ne créent pas, à proprement parler, des types nouveaux; ils ne font que puiser leurs conceptions dans le fonds commun de l'humanité : le principe de leur œuvre se rencontre dans les idées générales qui ont cours. L'ouvrage le plus éminent se rattache, par une filiation directe, aux enseignements de la tradition et aux progrès de la civilisation. Donc, l'auteur est obligé de laisser sa conception, une fois publiée, se perdre dans la masse flottante des idées et des opinions contemporaines du pays et du temps où il vit;

c. Enfin, l'honneur de la carrière artistique et littéraire se rencontre précisément dans cette préoccupation désintéressée du développement des sciences et des progrès de l'humanité. Les œuvres littéraires et artistiques ne sont point vénales; elles sont gratuites et spontanées par essence. L'auteur doit marcher, le front haut, à la découverte de la vérité, en même temps qu'à la poursuite d'une renommée légitime, sans s'inquiéter des intérêts matériels; *famam sequere.*

Le *troisième système théorique*, se plaçant à un point de vue mixte, essaie de concilier les expectatives de l'auteur avec les nécessités sociales. L'auteur et la société ont un droit égal sur les productions de l'esprit; il y a, dès lors, un partage à faire équitablement. Par suite, le droit des auteurs ne doit pas être considéré comme constituant une propriété absolue et exclusive; c'est une juste concession de la loi positive, appelée à tenir compte à la fois de l'intérêt public et de l'intérêt privé en les conciliant. L'on a mis en avant, en ce sens, les deux arguments suivants :

a. Sans doute, l'auteur est le maître absolu de son travail, tant qu'il ne s'en est pas séparé pour le publier. A ce moment, le droit de la société n'est pas encore né. Mais, dès l'instant de la publication, l'auteur consomme une aliénation et un dessaisissement nécessaires et inévitables. Son droit se transforme, par suite, en un simple droit de redevance ou d'indemnité de la part de la société : car la société ne peut pas s'enrichir aux dépens d'autrui, et elle doit, dès lors, une rémunération à cet inventeur d'une forme nouvelle donnée à une conception puisée dans les idées générales de l'époque;

b. Au point de vue pratique, ajoute-t-on, si l'on admettait la propriété absolue en faveur des auteurs, les éditeurs n'ayant plus de concurrence à craindre, maintiendraient leurs prix à un taux trop élevé : les meilleurs ouvrages ne seraient pas lus et resteraient dans l'oubli. Il y a donc un équilibre à établir entre le droit des auteurs et le droit rival de l'humanité.

Quelle est, de ces trois manières d'envisager la position à faire aux auteurs, artistes et inventeurs, celle que notre législation française paraît avoir accueillie? Il est remarquable que lors de la discussion de la loi des 14-19 juillet 1866, le rapporteur et les divers orateurs ont évité de prononcer le mot de propriété littéraire et artistique, semblant ainsi vouloir laisser la question intacte et indécise. La nouvelle loi elle-même, dans sa rubrique et dans son texte, parle sans cesse des *droits*, de la *jouissance* des auteurs ou de leurs héritiers. L'on n'y rencontre pas davantage l'expression de *propriété*. Pourtant, l'esprit de cette loi est bien de reconnaître une sorte de propriété aux auteurs, du moins de leur vivant, puisque leur droit est proclamé perpétuel et exclusif tant qu'ils existent, sa durée étant seulement restreinte, dans l'intérêt général, sur la tête de leurs héritiers ou successeurs, à la limite de *cinquante* années. Quant aux inventions industrielles, la réglementation est beaucoup plus stricte, parce qu'un droit exclusif trop prolongé aurait présenté, en pareille matière, de très-graves inconvénients. Aussi l'*art. 4 de la loi du 5 juillet 1844 sur les brevets d'invention*, limite-t-il la durée des brevets à cinq, dix ou quinze années.

D'autre part, les lois diverses qui ont réglementé la propriété littéraire et artistique antérieurement à l'année 1866, n'ont pas hésité à appliquer l'expression de *propriété* au droit des auteurs. L'on peut voir, en effet, la loi des 13-19 janvier 1791 ; la loi des 19 juillet, 6 août 1791 ; la loi du 19 juillet 1793, art. 1, 5 et 7 ; le décret du 1er germinal an XIII ; les décrets du 8 juin 1806 et du 5 février 1810, art. 39 et 40 ; les art. 425 à 430 du Code pénal ; la rubrique de la loi du 3 août 1844 ; la loi du 15 avril 1854 ; et l'avis du Conseil d'État du 23 août 1840.

Mais il importe de nettement préciser la nature intrinsèque et l'objet de ce droit des auteurs, quel que soit le nom que l'on veuille bien lui donner.

Cet objet ne peut pas évidemment être l'idée considérée en elle-même : car l'idée est l'œuvre spontanée de toute intelligence humaine ; c'est une création souveraine et indépendante de la pensée de chaque citoyen ; c'est un inépuisable dépôt ouvert à chacun et à tous, et laissé sous la sauvegarde de la moralité et de la conscience publiques. S'il en était autrement, il ne pourrait y avoir dans chaque nation, qu'un seul historien d'une même époque, qu'un seul peintre de batailles, qu'un seul biographe de tel ou tel grand personnage connu. Il n'y a pas, il ne pourra jamais y avoir de droit d'occupation sur les idées. Suivant la belle image du poète antique, chacun de nous, au chemin de la vie, reçoit le flambeau des mains de celui qui le précède dans la carrière, pour le remettre à celui qui le suit :

Et quasi cursores vitaï lampada tradunt.

Cette lumière immortelle éclaire d'un jour sans cesse grandissant le domaine de la pensée et il n'appartient à personne de l'éteindre ou de la mettre sous le boisseau à son profit exclusif.

Sur quoi donc porte le droit des auteurs ? Il porte exclusivement sur la *forme* donnée par l'auteur à sa conception. Quant à l'*idée*, elle reste dans le fonds commun de l'humanité où elle était déjà. Nul ne peut se dire propriétaire privatif d'une idée. Mais l'expression, le style, la composition, le plan dans un ouvrage littéraire, l'agencement des personnages dans un tableau ou dans un groupe de sculpture, la combinaison des notes dans un morceau de musique, voilà la forme : là également s'affirme la propriété exclusive de l'auteur.

Nul ne peut, sans plagiat et sans délit, reproduire et mettre dans le commerce cette conception, cette formule, fruit des veilles et des travaux personnels de l'artiste.

Arrivé à ce point de notre exposition, nous pouvons maintenant prendre parti sur la théorie si controversée de la nature du droit des auteurs, artistes et inventeurs. Nous considérons la propriété littéraire et artistique, comme une propriété fondée, dans son principe, sur le droit naturel, à l'égal de la propriété ordinaire. *La propriété littéraire, elle aussi, est préexistante et primordiale ;* elle s'impose aux lois positives, obligées de la reconnaître et de la proclamer. Seulement, comme elle va chercher son objet, dans le fonds commun des idées humaines, se bornant à donner une forme et une formule précises à telle ou telle de ces idées, *le Droit rival de la Société apparaît aussitôt* avec ses revendications légitimes. Il y a des parts à faire et un équilibre à établir. C'est une sorte d'expropriation pour cause d'utilité publique qui s'impose, beaucoup plus sommaire, beaucoup plus expéditive que l'expropriation de droit commun. En d'autres termes, le législateur positif, parlant au nom de l'intérêt social qu'il personnifie, a le droit et le devoir de restreindre l'étendue de la propriété littéraire et artistique : cette propriété, à cause de sa nature même, ne peut pas être aussi complète dans sa durée, que la propriété de droit commun appliquée aux objets matériels.

Notre doctrine se recommande tout d'abord par cet avantage qu'elle présente, d'établir une conciliation équitable entre les droits de la société et les droits non moins respectables des auteurs.

De plus, elle peut être solidement appuyée sur les *quatre* motifs suivants :

1° L'art. 544 du Code civil définit la propriété « *Le droit de jouir et de disposer des choses de la manière la plus absolue sous le contrôle et la limitation des lois et des règlements existants;* » or, ce texte ne distingue pas entre les diverses espèces de propriétés; donc, il est applicable tout aussi bien à la propriété littéraire et artistique qu'à la propriété ordinaire. Par suite, la loi positive doit proclamer le principe de la propriété littéraire et artistique, et le maintenir sans réserves, *du vivant des auteurs :* ou bien, si elle les exproprie, elle doit leur accorder une juste et préalable indemnité, par application de l'art. 545. Mais, en même temps, la loi positive doit réglementer cette propriété et la limiter *après la mort des auteurs*, afin de faire profiter le plus de monde possible des bons ouvrages et des conceptions élevées de l'intelligence et du génie;

2° Nous maintenons énergiquement ce principe que la propriété littéraire et artistique est, à son origine, *de droit naturel*, et cela est fort important. En effet, si le droit des auteurs ne constituait réellement qu'une propriété de création artificielle et civile, une loi pourrait l'anéantir ; car, la souveraineté nationale domine toutes les règles qui n'ont leur origine que dans la convention sociale. Or, un pareil résultat serait inadmissible ; car, il engendrerait l'abaissement et la ruine des arts et des sciences, en les frappant dans leur dignité et dans leur indépendance ;

3° N'oublions pas, d'ailleurs, que tout homme a droit à la rémunération de son travail : toute peine mérite salaire : c'est un principe certain. Or, ce principe doit être surtout maintenu au profit de l'homme de lettres et de l'artiste qui favorisent d'une manière si utile le développement du progrès social ;

4° L'objection qui consiste à soutenir qu'en publiant ses travaux, l'auteur se dessaisit, et qu'il ne peut y avoir, en même temps, propriété exclusive et dessaisissement, nous touche médiocrement. Nous contestons même la prémisse d'une manière absolue. L'auteur ne se dessaisit pas de sa propriété, ainsi qu'on veut bien le dire, en publiant son œuvre ; car, il garde toujours la propriété exclusive du type idéal, de la forme que son intelligence a conçue et donnée à la pensée : nul ne peut, sans plagiat, reproduire ce type ou cette forme. L'auteur n'aliène que l'objet matériel déjà réalisé et appréciable à prix d'argent. C'est à cela que se borne le dessaisissement : je vous vends mon livre ; vous êtes propriétaire de l'exemplaire vendu, sans doute, mais vous n'avez pas le *droit de reproduction ;* donc, il y a quelque chose, dont je ne suis pas dessaisi et dont je reste propriétaire ; je garde le type, la forme que j'ai créée : car vous ne pouvez ni les reproduire ni les contre-faire.

Arrêtons-nous, un instant, à cette question de la *reproduction* des ouvrages littéraires et artistiques. Le principe général, c'est que l'auteur a le droit exclusif, sous la réserve des concessions accordées à son éditeur, de tirer profit de son œuvre, de la vendre, de la faire vendre, de la distribuer et d'en céder la propriété en tout ou en partie. (Art. 1er, loi du 19-24 juillet 1793). Toutes les fois donc qu'un tiers se permettra de vendre un ouvrage sans l'autorisation de l'auteur, il y aura une atteinte portée au droit exclusif de celui-ci, quand même le tiers ne se rendrait d'ailleurs coupable d'aucune contrefaçon, ni d'aucune altération de nature à nuire à la réputation de l'artiste ou de l'écrivain. (*Comparez la loi des* 19-24 *juillet* 1793, *art.* 1er *et la loi des* 14-19 *juillet* 1866.)

Que faut-il penser de celui qui ferait la copie, soit à la main, soit autographiée d'un ouvrage, qui lui aurait été prêté par un acheteur, ou dont il aurait lui-même acquis un exemplaire ? Cette reproduction tomberait-elle sous le coup des lois protectrices de la propriété littéraire et artistique ? Il convient de faire ici plusieurs distinctions :

La copie d'un ouvrage, pour *l'usage personnel* du copiste, ou de celui au nom duquel la copie est faite, doit être considérée comme licite : car elle ne constitue ni une vente, ni une distribution, ni une cession dans le sens de l'art. 1er de la loi des 19-24 juillet 1793.

Mais pourrait-on faire des copies d'un manuscrit non encore publié et communiqué par l'auteur, pour les *prêter gratuitement?* Il s'agit, par exemple, d'une pièce de théâtre, dont le manuscrit a été remis aux acteurs qui doivent la jouer.

Il y a surtout ici une question de fait à examiner : le prêt gratuit constitue certainement un acte de *distribution*, dans le sens de l'art. 1er de la loi des 19-24 juillet 1793.

D'autre part, il porte préjudice à l'auteur, en lui enlevant peut-être un acheteur. Mais il faut apprécier ces sortes d'actes équitablement ; or, à ce point de vue, il est incontestable qu'un fait isolé de communication restreinte à un ami, ne suffirait pas à faire prononcer une condamnation. Un amateur copie le tableau d'un grand maître et fait cadeau de cette copie à l'un de ses intimes ; les tribunaux pourront voir là un fait parfaitement licite : c'est, en tout cas, une question d'appréciation discrétionnaire dans laquelle le nombre, la continuité, la multiplicité des prêts gratuits, la bonne ou la mauvaise foi des parties, devront jouer un rôle considérable.

Mais il faut considérer comme portant une atteinte manifeste au droit des auteurs, les reproductions manuscrites ou autographiées faites, non seulement en vue de les vendre et de les distribuer sur une large échelle, mais aussi en vue de les *mettre* simplement *en location dans un cabinet de lecture*, de manière à en tirer un profit. Sans doute, la location des ouvrages n'est pas au nombre des actes formellement réprimés par la loi des 19-24 juillet 1793 et par les lois subséquentes sur la propriété littéraire. Mais ce fait nous paraît devoir y être assimilé ; car il cause un préjudice égal au droit des auteurs, ceux-ci étant exposés à vendre d'autant moins d'exemplaires qu'il aura pénétré plus de personnes dans le cabinet de lecture. — Le louage, d'ailleurs, dans de semblables conditions, constitue, une véritable distribution [1].

Un tiers n'aurait pas davantage le droit de faire la reproduction manuscrite ou autographiée d'un ouvrage, pour en *donner* des exemplaires ; c'est par exemple, un maître de pension, qui a fait autographier un ouvrage moderne pour ses élèves. Il y aurait là une *distribution* prohibée par l'art. 1er de la loi des 19-24 juillet 1793. — Il est manifeste d'ailleurs qu'un acte semblable porterait préjudice à l'auteur, dont la vente serait diminuée notablement par de semblables agissements.

Un auteur n'est pas seulement propriétaire de son œuvre considérée en elle-même ; il est également propriétaire du *titre* qu'il lui donne au moment de la publication. Ce titre ne peut pas être reproduit intégralement par ceux qui feraient plus tard un travail analogue. Cela est vrai notamment à l'égard des pièces de théâtre et des romans [2]. Le tribunal de Commerce de Paris, a

---

1. Comparez l'art. 1er de la loi du 19-24 juillet 1793.
2. Comparez, Aix, 22 mai 1829, (S. 1829-2-225.)

même décidé par un jugement du 28 décembre 1868 (S. 1869-2-121), qu'une désignation qui se trouve dans le domaine public comme expression générique, (par exemple celle de *Moniteur*), n'en constitue pas moins, au profit de ceux qui l'ont adaptée à la publication d'un journal, pour le dénommer, un droit d'appellation exclusif.

Par suite, cette dénomination ne peut être employée, même avec un qualificatif différent (*Moniteur officiel* au lieu de *Moniteur universel*), pour l'exploitation d'un nouveau journal, si une confusion entre ce nouveau journal et l'ancien journal doit nécessairement en résulter.

Que faut-il penser de la reproduction mécanique des airs de musique par des instruments tels que, par exemple, les boîtes à musique et les orgues de barbarie?

Ce genre de reproduction constitue-t-il le délit de contrefaçon? La Cour d'Orléans, par un arrêt du 22 avril 1863 (S. 1863-2-100), et la Cour de cassation par un arrêt du 13 février 1863 (S. 1863-1-161), se sont prononcées dans le sens de l'affirmative. Elles ont considéré, avec raison suivant nous, comme constituant le délit de contrefaçon, la reproduction d'une composition musicale à l'aide de procédés mécaniques, tels que les cylindres pointés des boîtes à musique. Cette solution était conforme à la fois au texte et aux motifs des lois spéciales sur la propriété littéraire. Mais, en présence de réclamations nombreuses émanées soit de Français, soit même de ministres des puissances étrangères, notamment du ministre de Suisse, qui invoquait des traités internationaux, le gouvernement impérial présenta aux Chambres, et le Sénat, après quelques hésitations, a sanctionné une loi du 16-25 mai 1866, dont l'article unique est ainsi conçu : « La fabrication et la vente des instruments servant à reproduire mécaniquement des airs de musique, qui sont du domaine privé, ne constituent pas le fait de contrefaçon musicale prévu et puni par la loi du 19 juillet 1793, combiné avec les articles 425 et suivants du Code pénal. » Cette loi a fait fléchir le principe de la propriété littéraire et artistique par des considérations d'intérêt général et international : elle constitue une atteinte considérable apportée aux droits des auteurs.

Que faudrait-il décider dans le cas suivant? Un journal, auquel des lettres sont adressées par son correspondant à l'étranger, peut-il en trafiquer avec d'autres journaux sans consulter l'auteur et sans son agrément préalable? Les tribunaux, récemment saisis de la question, l'ont résolue dans le sens de la négative. Voici, d'ailleurs, les faits.

Un journal du soir, la *Patrie*, avait envoyé un correspondant en *Serbie* pour qu'il lui adressât une série de lettres sur les événements déplorables qui se passaient dernièrement dans cette contrée. Le directeur de la *Patrie* en céda la reproduction aux deux journaux le *Soir* et *Paris-Journal*.

A son retour d'Orient, le correspondant assigna les deux directeurs du *Soir* et de *Paris-Journal* devant le tribunal de Commerce de la Seine, comme ayant reproduit ses lettres sans son autorisation et réclama une somme de mille francs comme prix légitime des droits de reproduction à lui acquis.

Deux systèmes étaient en présence :

Première opinion : — Quand un article est adressé au directeur d'un journal, il devient, par le paiement de son auteur, la propriété exclusive de ce directeur, car :

1° Cet article est une marchandise comme une autre ; le directeur a sur elle tous les droits d'un propriétaire. Cela est si vrai qu'il peut en user à sa guise, faire tous les arrangements, coupures, suppressions qu'il juge convenables dans son journal ;

2° Conformément à l'article 1602 du Code civil, tout pacte obscur et ambigu s'interprète contre le vendeur : or ici le vendeur c'est l'auteur de l'article, qui, moyennant un paiement particulier ou des appointements fixes a cédé le travail de sa plume.

Seconde opinion : — Le tribunal a repoussé cette prétention et jugé ce qui suit : quand un auteur envoie un article à un journal, le directeur est le maître absolu de la copie pour tout ce qui concerne le journal ; mais là s'arrêtent ses droits : trois motifs surtout ont déterminé les juges du tribunal de Commerce de la Seine :

1° La convention doit faire la loi des parties et s'interpréter d'une manière raisonnable. (Code civ. art. 1134.) Or, la convention avec le directeur du *Soir* et du *Paris-Journal*, étant postérieure à celle passée avec l'écrivain politique, ne pouvait ni avoir un effet rétroactif, ni modifier en aucune façon la situation du correspondant de la *Patrie* ;

2° Le propriétaire d'une Revue n'est propriétaire qu'autant qu'il s'agit de l'insertion dans sa Revue. Dès qu'il veut vendre, il spécule, et pour ce, il lui faut un mandat spécial (art. 1988) ;

3° Il faut tenir compte de l'intention vraisemblable des parties ; or il est évident que telle personne qui accepte d'écrire dans une Revue et d'y faire figurer sa signature se refusera légitimement à toute insertion dans une autre publication.

Voici, au reste, quelques-uns des considérants émis par le tribunal de Commerce de la Seine à la date du 2 février 1877 :

« Attendu, qu'en matière de propriété littéraire la vente sans réserves, n'emporte pas, pour l'acheteur, le droit absolu de disposer de la chose vendue selon son intérêt ou son caprice ;

» Que la législation et la jurisprudence ont imposé certaines restrictions à la jouissance de cette propriété d'une nature spéciale ;

» Que le droit de reproduction n'est pas un accessoire de la chose vendue, mais bien un droit distinct dont l'auteur a conservé la propriété ;

» Qu'en l'absence de conventions précises sur l'étendue de la cession faite, il y a lieu de rechercher quelle était, au moment du contrat, la commune intention des parties, etc [1]. »

On ne pouvait mieux décider, et ces considérants sont, en tous points,

---

1. Tribunal de Commerce de la Seine, 2 février 1877, affaire Vührer. Voir *France judiciaire*, t. I, 2ᵉ partie, pag. 331.

conformes aux véritables principes du Droit, en matière de propriété littéraire ou artistique.

Comparez le *Journal des Tribunaux de commerce*, par MM. Teulet et Camberlin, année 1877, pag. 139 à 142 ; — Bordeaux, 24 août 1863, Dev. 64-2, 194 ; — Pardessus. *Droit commercial*, t. II, n° 310 ; — Taulier, t. VI, pag. 44 et suivantes ; — Renouard, *Droits d'auteur*, t. II, n° 192 ; — Et. Blanc, *De la contrefaçon*, pag. 97 ; — Calmels, *De la propriété littéraire*, n° 302, pag. 400 ; — Rendu et Delorme, *Droit industriel*, n° 795.

Nous arrivons maintenant à l'examen de la loi française des 14-19 juillet 1866.

Toutefois, avant d'en aborder l'étude, il nous paraît utile de faire connaître les judicieuses observations qui viennent de nous être communiquées par M. Dramard, juge au tribunal civil de Béthune, à propos de notre manière d'envisager *l'objet* de la propriété littéraire et artistique.

L'éminent magistrat nous a fait l'honneur de nous écrire dans les termes suivants : « J'ai lu, dans la dernière livraison de la *France judiciaire*, votre
» article sur la *Propriété littéraire et artistique*, et je vous demande la per-
» mission de vous soumettre quelques réflexions que cette lecture m'a sug-
» gérées.

» Le droit des auteurs porte, selon vous, sur la *forme* seulement donnée
» par lui à ses conceptions. Quant à l'*idée*, elle reste dans le fonds com-
» mun de l'humanité où elle était déjà. — Pour trouver le *véritable* principe
» de la propriété littéraire et artistique, il faut qu'il puisse s'appliquer éga-
» lement bien à toute propriété intellectuelle, aussi bien à celle qui se mani-
» feste par une production industrielle, qu'à celle qui a pour objet une
» œuvre d'art ou de littérature : une bonne loi sur les brevets d'invention
» doit être fondée sur le même principe qu'une bonne loi sur la propriété
» littéraire ou artistique. C'est, sans doute, cette considération qui vous a
» déterminé à n'admettre, comme base de la propriété intellectuelle, que la
» *forme* et non l'*idée* : car, dans le domaine scientifique et industriel, il
» semble que c'est plus spécialement dans la *forme* que la propriété se ma-
» nifeste, l'idée ici ne pouvant s'appliquer le plus ordinairement qu'à des
» objets existants dans la nature physique.

» Mais ici, dès le seuil même du problème, commencent mes incerti-
» tudes, et je dois d'abord confesser que mon intelligence se refuse entiè-
» rement à comprendre la théorie des idées diffuses dans l'humanité depuis
» la création du monde. C'est là un aphorisme qui m'a toujours paru d'une
» métaphysique un peu trop transcendante pour une science positive comme
» le droit. Sans doute, je comprends bien que toutes nos idées doivent être
» rapportées à une cause à la fois première et finale qui est Dieu. Le créa-
» teur a mis toutes choses dans sa création ; mais il a permis à la créature
» de les y découvrir, de les *inventer* au fur et à mesure que ses besoins la
» contraignent à de nouvelles recherches [1]. Or, ne semble-t-il pas que

---

1. « En pressant le raisonnement n'arriverait-on pas, pour ce qui est des idées, à la

» celui qui invente une idée neuve, en est, en droit absolu, aussi légitime
» propriétaire que celui qui trouverait un lingot d'or isolé dans un sol sans
» maître ? — Je fais ici abstraction de l'idée de souveraineté qui surgirait
» s'il s'agissait d'une mine. J'arriverai au surplus tout à l'heure à la donnée
» toute contingente de l'utilité sociale. Je veux en finir, avant, avec le
» principe fondamental.

» L'auteur, l'inventeur ne trouvent pas leurs idées à l'avance toutes for-
» mulées dans le domaine commun. Je comprends bien que les éléments
» primordiaux se rencontrent dans la création, dans le fonds commun où
» Dieu les a déposés, les a disséminés. Mais, d'abord, la création *matérielle*
» elle-même constitue aussi un fonds commun au même titre que les idées ;
» et alors, pourquoi donc celles-ci ne seraient-elles pas susceptibles d'une
» appropriation en tout identique à celle qui est reconnue pour les corps
» certains et définis ? Pourquoi le principe de l'*occupation* n'aurait-il pas la
» même énergie dans l'un et l'autre cas ? — Ensuite, est-il bien exact de
» dire que l'idée nouvelle était dans le fond commun avant que l'inventeur
» ne l'en fît sortir, parce que ses éléments y étaient répandus à l'état dif-
» fus ? La coordination de ces éléments, n'est-ce pas là ce qui constitue
» l'idée nouvelle, l'idée que personne n'avait jamais eue auparavant, et qui
» par conséquent n'existait pas dans le fonds commun ? Je pourrais même,
» ce me semble, me demander si cette coordination des éléments primor-
» diaux d'où résulte l'idée nouvelle n'est pas la *forme* donnée à ces élé-
» ments, et, dès lors, si ce n'est pas cette *idée* elle-même, dans la *forme*
» sous laquelle elle se produit, qui constitue une propriété pour son auteur ?

» Dira-t-on qu'il suffit que ces éléments aient été pris dans le fond
» commun pour que l'inventeur ne soit pas, à proprement parler, inven-
» teur, et pour qu'il ne puisse être considéré que comme ayant fait un em-
» prunt, ou réalisé un acte de jouissance sur un bien commun ? Nous se-
» rions ainsi conduits à une théorie des idées simples, parallèle à celle des
» corps simples de la chimie, et nous rentrerions dans le domaine de la mé-
» taphysique la plus transcendante. Extraire ces quintessences, serait-ce
» bien là faire du droit, science en somme plutôt contingente, et faut-il re-
» monter si haut pour trouver le principe de la propriété littéraire ? — Vous
» ne croirez assurément pas, Monsieur, qu'il soit un instant entré dans ma
» pensée de vous prêter les raisonnements que je viens de formuler : mais
» il m'a semblé que l'on y était conduit par la théorie des *idées répandues*
» *dans le fond commun*, théorie qui est la cause de mes perplexités.

» Cela dit, je continue, en émettant la pensée que tous ces raisonnements
» qui, je le répète, me semblent forcément provoqués par la théorie en
» question, ne conduiraient même pas à la solution du problème. Puisque
» nous venons de rencontrer la chimie avec ses corps simples, est-ce que

» *Révélation ?* Mais alors en quoi la *Révélation* dans l'ordre des idées religieuses diffé-
» rerait-elle de la révélation s'appliquant aux sciences, etc., etc. ? Où devrions-nous
» nous arrêter dans cette voie ? »

3

» M. Lecoq de Boisbaudran, qui vient de découvrir un nouveau corps sim-
» ple dont le nom m'échappe en ce moment, n'est pas le propriétaire absolu
» de sa découverte, dont l'antériorité paraît bien établie d'ailleurs? Ne faut-
» il pas, au surplus, se préoccuper de l'extrémité où nous mènerait ce rai-
» sonnement, une fois engagés dans cette voie? Décidez que Dieu est le
» seul propriétaire des idées parce qu'il en est le seul et vrai créateur, j'y
» consens; mais faire descendre cette notion des espaces infinis de l'ab-
» straction pour la confiner dans le domaine étroit de nos rapports sociaux,
» cela peut-il produire des conséquences pratiques? Si Dieu ne nous a
» concédé les idées qu'en jouissance, pour autant que nous en avons indivi-
» duellement besoin, n'est-ce pas là la négation du principe que vous pro-
» clamez que la propriété littéraire est fondée, dans son principe, sur le
» droit naturel, *à l'égal de la propriété ordinaire*;... et qu'elle est préexis-
» tante et *primordiale*? N'est-ce pas aboutir directement au socialisme? Il
» est vrai qu'en antagonisme avec le droit individuel, vous placez le droit
» de la société fondé sur ce que la propriété littéraire va chercher son
» objet dans le fonds commun des idées humaines, se bornant à donner
» une forme et une formule précises à telle ou telle de ces idées. Le
» droit rival de la société, qui apparaît ici avec *ses revendications légitimes*,
» n'apparaît-il pas aussi, avec des revendications tout aussi légitimes,
» quand il s'agit de la propriété du sol? Mais alors ce ne serait plus seu-
» lement un droit rival, ce serait un droit antérieur et supérieur, et, par
» une autre voie, nous serions ainsi ramenés à la théorie socialiste, théorie
» qui d'ailleurs ne serait même pas exacte en tant qu'elle attribue la *pro-*
» *priété* à la société; car si, (comme cela semble résulter du raisonnement
» exposé plus haut), nous ne sommes que des usufruitiers, c'est Dieu seul
» qui est nu-propriétaire, et les *sociétés* humaines, tant qu'elles dureront,
» ne se composant que d'agglomérations et de successions d'usufruitiers, .
» ne pourront jamais être elles-mêmes que des usufruitiers; la *pleine pro-*
» *priété*, le *dominium* leur est aussi interdit qu'à l'individu. Comment dès
» lors se justifie la théorie de la propriété collective de la société ou plutôt
» de l'État?

» Au surplus, ce qui doit surtout nous préoccuper, c'est de savoir si c'est
» bien cette théorie qui a inspiré le législateur, quand il a formulé l'arti-
» cle 545 du Code civil. — Vous dites, Monsieur, que c'est en vertu de
» son droit rival, et en exerçant une véritable revendication, que la *société*,
» faisant des parts et établissant un équilibre entre son droit à elle et celui
» de l'auteur, dirige contre celui-ci une sorte d'expropriation pour cause
» d'*utilité* publique. Dès lors, et s'il s'agit d'*utilité* publique, ne serait-il pas
» plus juste de dire que la société exproprie, non pas en vertu d'un droit
» absolu, mais en vertu d'une utilité toute contingente? Le titre même par
» elle donnée à la loi du 3 mai 1841 l'indique bien clairement. Or, l'utilité
» n'a jamais été le fondement d'un droit; c'est seulement une nécessité
» qui s'impose parfois de *violer* le droit individuel, pour éviter un plus
» grand préjudice. Le législateur ne semble jamais avoir voulu aller au

» delà, et surtout il ne paraît pas avoir songé à déposer, dans l'article 545,
» le principe de légitime revendication en faveur de la société. L'article 545
» est, si l'on veut, un sacrifice fait par notre législation aux principes
» d'une doctrine qui a depuis pris une trop grande extension, la doctrine
» *utilitaire;* mais c'est le seul sacrifice qui lui ait été fait, et il faut le
» maintenir dans les limites où le Code a bien fait de le restreindre; il faut
» surtout ne pas y voir un droit social primordial et rival de la propriété
» individuelle; car il serait à craindre qu'une fois engagé dans ce courant
» d'idées, on ne fût logiquement forcé de reconnaître un droit social supé-
» rieur et antérieur à la propriété individuelle. Il n'en est certes point
» ainsi : l'intérêt social ne peut invoquer qu'une *utilité :* cette utilité pourra
» quelquefois faire fléchir un droit acquis; mais elle n'a pas de droit rival
» à lui opposer; si notre législation a cru devoir limiter le droit de pro-
» priété des auteurs et inventeurs, c'est un sacrifice qu'elle a été contrainte
» de faire à l'utilité sociale, sacrifice et utilité sur l'étendue desquels on
» n'est d'ailleurs pas d'accord, comme aussi l'on peut différer de senti-
» ment sur l'excellence du moyen adopté pour concilier l'intérêt social
» avec le droit de propriété.

» Pour me résumer et conclure, je me demande si l'on ne pourrait pas,
» en présence de l'article 545, reconnaître et proclamer le principe absolu
» de la propriété littéraire, au même titre que pour la propriété matérielle,
» sauf à reconnaître à la société un droit rival sur les œuvres de l'intelli-
» gence; je me demande s'il n'est pas préférable de décider que cette pro-
» priété s'applique non-seulement à la *forme* donnée par l'auteur à son idée,
» mais encore à cette *idée* elle-même. »

Ces objections sont assurément fort spécieuses. Néanmoins, nous persis-
tons à penser qu'il importe à l'intérêt général de repousser tout monopole
appliqué aux *idées* : le progrès est à ce prix. Le législateur a, de plus, qua-
lité pour appliquer aux *droits d'auteur* le principe de l'expropriation pour
cause d'utilité publique, après avoir laissé à l'artiste, à l'écrivain, à l'inventeur, un temps de jouissance suffisant pour le rémunérer de ses peines
et de ses efforts : voyez *suprà*, pages 10, 11, et 12.

Il convient encore de signaler une règle importante : — la mention mise
en tête d'un journal et indiquant que *les manuscrits insérés ne seront pas
rendus* est insuffisante pour décharger l'administration de ce journal de
l'obligation de restituer les ouvrages déposés.

Le Tribunal de commerce de la Seine a été amené à poser ce principe à
propos de l'espèce suivante, dans son audience du 13 avril 1877 (Voir la
Gazette des Tribunaux, du 6 mai 1877) : Mme de Wailly, auteur d'un roman
ayant pour titre *Jean Fougerolles*, a cherché un journal pour y faire publier
cet ouvrage en feuilleton. C'est ainsi qu'elle a été conduite à déposer son
manuscrit dans les bureaux du *Paris-Journal*, qui lui en a accusé réception. Le roman n'ayant point été inséré, Mme de Wailly a réclamé son manuscrit; après des recherches qui n'aboutirent point, et devant les instances
de plus en plus vives de Mme de Wailly, l'administration du *Paris-Journal*

finit par invoquer, pour justifier le défaut de restitution, l'avis inséré chaque jour en tête du journal, et prévenant les déposants que les manuscrits non insérés ne seraient point rendus. Mme de Wailly a alors assigné M. Vuhrer, gérant du *Paris-Journal*, en restitution de son manuscrit, ou en 2,000 francs de dommages-intérêts. L'affaire est venue devant le Tribunal, sur l'opposition formée par M. Vuhrer à un premier jugement par défaut.

Le Tribunal a statué dans les termes suivants :

« Attendu que, pour résister à la demande en restitution du manuscrit d'un roman intitulé, *Jean Fougerolles*, sinon 2,000 francs de dommages-intérêts, Vuhrer soutient qu'il aurait remis à un tiers, à lui désigné par la demanderesse, le manuscrit dont il s'agit; que d'ailleurs il serait déchargé de toute responsabilité, par l'avis placé en tête de chaque numéro du *Paris-Journal :* « Les manuscrits ne seront pas rendus; »

» Mais attendu qu'*il est constant et non dénié que le manuscrit*, dont la restitution est réclamée, *a été déposé* aux bureaux du journal et qu'*il en a été accusé réception ;* que la veuve de Wailly, malgré ses nombreuses réclamations, n'a pu, à défaut de publication, en obtenir la restitution; que si Vuhrer prétend l'avoir fait parvenir à un tiers, il ne justifie pas de son allégation, ni de l'autorisation qu'il aurait reçue de faire cette livraison ; que *le dépôt d'un manuscrit, dans les bureaux d'un journal, constitue un dépôt volontaire, dont le dépositaire ne saurait se refuser à opérer la restitution à qui de droit, en cas de réclamation, et dont il doit être déclaré responsable en cas de perte;* que *l'avis inséré en tête du journal ne saurait être considéré comme une convention* expresse, *déchargeant de toute responsabilité*, alors que, comme dans l'espèce, il y a eu, lors de la remise, un *accusé de réception;* qu'en l'état, il y a lieu d'obliger Vuhrer à en opérer la restitution dans le délai qui va être imparti, sinon, et faute de ce faire dans ledit délai, et icelui passé, de l'obliger à en payer la valeur, que le Tribunal, à l'aide des éléments d'appréciation qu'il possède, fixe à 1,200 fr.;

» Par ces motifs,

» Le Tribunal déboute Vuhrer de son opposition au jugement dudit jour 8 février dernier; ordonne que ce jugement sera exécuté selon sa forme et teneur, nonobstant ladite opposition; dit toutefois que le délai fixé pour la restitution sera de un mois, à partir de la signification du présent jugement, et que, passé ce délai, Vuhrer sera déchu de l'opposition; en outre, réduit à 1,200 fr. la condamnation du chef des dommages-intérêts, en cas de non-restitution; et condamne Vuhrer, par les voies de droit, aux dépens. »

Nous arrivons maintenant à l'examen sommaire de la loi des 14-19 juillet 1866.

DEUXIÈME PARTIE

Examen de la loi des 14-19 juillet 1866.

La loi qui réglemente aujourd'hui, en France, la propriété littéraire est celle des 14-19 juillet 1866. Elle est ainsi conçue : Art. 1er : « La durée des droits accordés par les lois antérieures aux héritiers, successeurs irréguliers, donataires ou légataires des auteurs, compositeurs ou artistes, est portée à cinquante ans à partir du décès de l'auteur. — Pendant cette période, le conjoint survivant, quel que soit le régime matrimonial, et indépendamment des droits qui peuvent résulter, en faveur de ce conjoint, du régime de la communauté, a la simple jouissance des droits dont l'auteur prédécédé n'a pas disposé par acte entre-vifs ou par testament.— Toutefois, si l'auteur laisse des héritiers à réserve, cette jouissance est réduite, au profit de ces héritiers, suivant les proportions et dispositions établies par les art. 913 et 915 du Code civil. — Cette jouissance n'a pas lieu lorsqu'il existe, au moment du décès, une séparation de corps prononcée contre le conjoint; elle cesse au cas où le conjoint contracte un nouveau mariage. Les droits des héritiers à réserve et des autres héritiers ou successeurs, pendant cette période de cinquante ans, restent d'ailleurs réglés conformément aux prescriptions du Code civil. — Lorsque la succession est dévolue à l'État, le droit exclusif s'éteint, sans préjudice des droits des créanciers et de l'exécution des traités de cession qui ont pu être consentis par l'auteur ou par ses représentants. » — Art. 2 : « Toutes les dispositions des lois antérieures, contraires à celles de la loi nouvelle, sont et demeurent abrogées. »

Ce texte présente plusieurs innovations importantes.

Tandis que le décret du 5 février 1810 accordait à la veuve de l'auteur un droit exclusif pendant sa vie, si toutefois les conventions matrimoniales ne s'y opposaient pas, principe qui était confirmé par la loi du 8 avril 1854, la loi nouvelle accorde ce droit non-seulement à la veuve, mais à l'un ou à l'autre des conjoints; de plus, ce droit est qualifié de simple jouissance. Nous remarquons encore une autre particularité : c'est que ce droit est réductible, s'il dépasse la quotité disponible, dans le cas où il y a des héritiers réservataires. En outre, on ne tient plus compte du régime matrimonial qui a pu être adopté dans le mariage. Mais, à côté de ces dispositions, nous voyons quelques restrictions : ce droit cesse, s'il existe, au moment du décès, une séparation de corps prononcée contre le conjoint survivant, ou encore dès que ce conjoint contracte un nouveau mariage. Enfin ce droit spécial s'éteint, lorsque la succession de l'auteur est dévolue à l'État : on réserve seulement alors les droits des créanciers et l'exécution des traités de cession qui ont pu être consentis par l'auteur ou par ses représentants. Analysons brièvement ces quelques points, de manière à ne pas excéder les limites d'un article de Revue et les bornes qui nous ont été imposées.

D'abord il faut constater combien la loi des 14-19 juillet 1866 s'éloigne du droit commun en matière de succession. En droit commun, en effet, à l'heure actuelle du moins [1], ce n'est qu'à défaut d'héritiers du défunt jusqu'au douzième degré, que son conjoint survivant est appelé à sa succession (art. 755 et 767 combinés) ; il n'a droit à la *totalité* de la communauté ou à une part des droits propres du *de cujus*, qu'en vertu d'une donation ou d'une clause spéciale du contrat de mariage : sinon, et en règle générale, le conjoint survivant a droit seulement à la moitié des biens composant la communauté légale. Quant aux immeubles, ils restent propres.

Mais ici, en matière de propriété littéraire, nous voyons apparaître un droit spécial au profit de l'époux survivant ; c'est un droit de survie qui lui est accordé : « il a, dit la loi, la simple jouissance des droits dont l'auteur prédécédé n'a pas disposé par acte entre-vifs ou par testament. »

Quel motif a donc pu porter le législateur à introduire une pareille dérogation aux principes du droit commun, quand il s'agit de la propriété littéraire ? Si l'on se reporte aux travaux préparatoires de la loi du 14 juillet 1866, on y trouve nettement exprimée cette idée qu'il y a une sorte de collaboration de la femme dans l'œuvre du mari ; cette collaboration indirecte résulte de son assistance quotidienne, des soins qu'elle a pris pour apporter l'aisance au foyer domestique et pour épargner à son époux les préoccupations matérielles qui eussent pu le détourner du travail littéraire et artistique : « La femme, a-t-il été dit dans l'exposé des motifs, a partagé les triomphes de l'auteur, elle a consolé ses espérances déçues, elle est la première dépositaire de sa pensée relativement à la publication nouvelle, à la correction de ses œuvres, etc...... N'est-il pas juste qu'ayant eu sa part dans le travail et dans la peine, elle ne voie pas s'évanouir, avec le dernier souffle de son mari, tout le fruit de ses labeurs ? »

Certes, ceci est juste. Mais en quoi cette situation diffère-t-elle de toutes les autres ? La femme du commerçant, de l'industriel ou du laboureur, prend, aussi bien que celle du littérateur, sa part des travaux et des soucis du mari, et sa collaboration n'est pas moins utile à la prospérité des affaires ou à la multiplication des profits. La conséquence, dès lors, semblait facile à

---

1. Une loi, améliorant la condition de l'époux survivant est actuellement en préparation devant les Chambres. Elle sera certainement votée en 1877.

tirer : le droit commun, quel que soit le principe qui en forme le point de départ, doit être le même pour tous.

D'un autre côté, ce droit de survie, dont nous parlons ici, n'appartient pas seulement à la femme : il appartient aussi au mari, lorsque sa femme, auteur, le précède dans la tombe. On se demande encore vainement la raison de cette disposition de la loi nouvelle. Au lieu de l'appliquer à une hypothèse particulière, n'eût-il pas été préférable de l'étendre aux diverses situations où le travail, l'industrie, le mérite ou les talents de l'un des conjoints sont de nature à procurer à l'autre quelques avantages? Alors il aurait été vrai de dire que les époux ayant tout mis en commun, leurs affections, leurs travaux, leur jeunesse et leur avenir, la communauté se continue, après le décès de l'un d'eux, et que le survivant ne voit pas passer, pendant sa vie, à d'avides héritiers les biens acquis pendant le mariage par l'être chéri que la mort a ravi. Comparez M. Fliniaux, *De la propriété littéraire et artistique*, pag. 65 à 67 (édition de 1867).

Mais, si tel était le but du législateur, s'il ne voulait pas dépouiller complétement le conjoint survivant de ce qui lui semblait être une juste part de sa collaboration dans les travaux du défunt, pourquoi ne pas recourir aux principes du droit commun? Le droit des auteurs sur leurs œuvres est un véritable droit mobilier par l'objet auquel il s'applique, conformément à l'art. 529 du Code civil. Dès lors, ce droit doit tomber dans la communauté, et, à la dissolution du mariage, la moitié doit en revenir au conjoint survivant, et l'autre moitié seulement aller aux héritiers de l'auteur prédécédé. Mais on a procédé autrement, et, au lieu de voir, dans le droit des auteurs, une véritable propriété, se transmettant, comme toutes les autres, aux successeurs réguliers par voie de succession, on en a fait un droit d'une nature spéciale, existant pendant *cinquante ans* après la mort de l'auteur, avec cette particularité que le conjoint survivant en aurait la jouissance pendant sa vie, dans les mêmes limites de temps.

Là s'arrêtait la dérogation au droit commun, et l'on a admis que si, de son vivant, l'auteur avait cédé à titre onéreux la propriété de son œuvre, le prix en retomberait dans la communauté suivant les règles ordinaires, de telle sorte que le conjoint survivant en aurait, non pas l'usufruit de la totalité, mais la moitié en pleine propriété.

Ainsi, la nouvelle loi des 14-19 juillet 1866 a fait, du droit du conjoint survivant de l'auteur prédécédé, un droit d'une nature particulière : en quoi consiste-t-il, et comment le qualifier? C'est un point assez délicat à trancher.

Il est certain d'abord qu'il ne peut pas être ici question de substitution : nous ne sommes pas dans les termes des art. 1048 et suivants. Ce n'est pas davantage un droit de succession; car la règle ancienne, d'après laquelle il fallait considérer la nature et l'origine des biens pour en régler la succession, a été abrogée par l'art. 732 du Code civil. Quelle est donc la nature de ce droit qui passe au conjoint survivant? La loi l'appelle un droit de *simple jouissance*. C'est un droit de *jouissance*, c'est-à-dire que c'est réellement un usufruit, et non pas seulement un droit d'usage. Mais on a ajouté le mot *simple*, pour indiquer que ce n'est pas un usufruit ordinaire. Et, en effet, le produit, d'abord, n'en est pas périodique ; de plus, il peut absorber la propriété elle-même, puisqu'il consiste, comme elle, dans le droit de faire des éditions, droit identique à celui qu'avait l'auteur lui-même.

Il convient enfin de signaler encore ce point : c'est que le régime, sous lequel les époux sont mariés, ne saurait avoir d'influence dans notre matière ; la loi nouvelle déclare que le droit de survie est accordé au conjoint, quel que soit le régime matrimonial par lui adopté : ce qui ne veut pas dire pourtant que les époux, par contrat de mariage ou autrement, ne puissent disposer de ce droit d'une autre façon ; car les conventions particulières, pourvu qu'elles ne soient point contraires à un texte de loi ou à l'ordre public établi, peuvent toujours se produire avec efficacité (art. 1387).

Après avoir ainsi établi le droit du conjoint survivant dans les circonstances ordinaires, le législateur prévoit, par les alinéas 3 et suivants du premier article, les situations particulières qui peuvent se rencontrer et restreindre la portée de la règle générale (art. 1er de la loi des 14-19 juillet 1866).

Dans les cas, d'abord, où l'auteur prédécédé laisserait des *héritiers à réserve*, la jouissance dont il a été parlé précédemment est réduite, au profit de ces héritiers, suivant les proportions et distinctions établies par les articles 913 et 915 du Code civil. C'est encore une disposition bien peu conforme aux principes généraux. Les réductions dont il s'agit dans les articles précités, en effet, ne reçoivent leur application que dans le cas de libéralités entre-vifs ou par testament : or le droit de survie, établi par notre loi, n'a ni l'un ni l'autre objet ; il n'y a point ici une libéralité entre-vifs émanée de l'auteur à son conjoint, non plus qu'un testament en sa faveur ; c'est par la loi elle-même du 14-19 juillet 1866 que l'attribution est faite. Toutefois, il faut accepter le texte : car il est formel ; mais alors se présentera la question d'application : à quelle date va-t-on placer cette sorte d'investiture légale ? Si, en effet, c'est bien d'une donation qu'il s'agit, l'art. 923 prescrit, lorsqu'il y a lieu à réduction, de commencer par la dernière donation, pour remonter ensuite aux plus anciennes, jusqu'à ce que la réduction ait été opérée dans une mesure suffisante. Il importera donc de déterminer, d'une manière certaine, si cette donation fictive doit se placer au jour du décès ou à celui du mariage. D'un autre côté, si l'on voit ici une disposition testamentaire, il faut suivre d'autres règles, et opérer la réduction au marc le franc (art. 926). On voit que la solution sera très-différente, suivant le parti auquel on s'arrêtera.

Il nous semble d'abord qu'il faut écarter l'art. 926 ; car on ne peut pas supposer qu'il y ait, dans le droit accordé par la loi au conjoint survivant, une véritable disposition testamentaire. Il n'y aurait, tout au plus, qu'une disposition entre-vifs. Mais alors, quelle en sera la date ? Il ne nous semble pas qu'elle puisse se placer au jour du décès ; car en réalité, ce qu'il faut voir ici plus que toute autre chose, c'est une sorte de convention matrimoniale supposée : seulement, cette convention matrimoniale[1] d'une espèce particulière remontera au jour du mariage, et non au jour du contrat : car le contrat de mariage n'a d'effet que du jour de l'union civile.

C'est ainsi que notre loi a réglé le point qui concerne la réserve. L'on pourrait toutefois faire ici encore une remarque : n'était-ce point à l'art. 1094 qu'il fallait se référer, plutôt qu'aux art. 913 et 915? Ces articles, en effet, ne s'occupent que des cas où la libéralité a été faite à tout autre qu'à un conjoint, tandis que, s'il s'agit d'une libéralité faite à un conjoint, il y a une quotité disponible spéciale, réglée par l'art. 1094. La difficulté soumise au Corps législatif lors de la discussion de la loi, a été tranchée d'une manière qui nous semble peu logique, il faut l'avouer, dans le sens que nous avons indiqué. Comparez M. Fliniaux, op. cit. pag. 74 et 75.

Nous arrivons à une nouvelle situation, dans laquelle le droit du conjoint survivant n'est plus seulement restreint, mais se perd complétement : nous voulons parler du cas où il existe, au moment du décès, une *séparation de corps prononcée contre le survivant*, et de celui où ce conjoint contracte un *nouveau mariage*. Dans le premier cas, nous avons une sorte d'application de l'art. 299, d'après lequel la séparation prive celui des époux contre lequel elle a été prononcée, des avantages que l'autre époux lui avait faits, soit par contrat de mariage, soit depuis le mariage contracté. Dans le second cas, le législateur a érigé en règle ce qui est le plus souvent une clause de style dans les contrats de mariage, faits par devant notaires, en ce qui concerne l'usufruit laissé au conjoint survivant.

Quant aux héritiers réservataires ou autres successeurs de l'auteur, leurs droits sont réglés, dit le 5e alinéa de notre article, conformément aux prescriptions du Code civil, c'est-à-dire que les droits de l'auteur sont considérés comme des biens qui lui sont propres : ils passent alors à ses héritiers ordinaires. La situation paraît bien nette dans ce cas, et s'il y a un conjoint survivant, ce conjoint a l'usufruit, les héritiers ne conservant que la nue-propriété, jusqu'à ce que l'usufruit s'éteigne; puis, à partir de ce moment, ils reprennent la pleine propriété jusqu'à l'expiration des cinquante ans à compter de la mort de l'auteur.

Enfin, il peut arriver qu'il n'y ait ni conjoint survivant, ni héritiers ou successeurs. Alors, aux termes de l'art. 768 du Code civil, les droits dont il s'agit ici devraient aller à l'État, comme succession en déshérence (art. 768). Mais une disposition particulière, formulée dans le dernier alinéa de l'art. 1er de notre loi, fait tomber alors les droits d'auteur dans le domaine du public.

Toutefois il ne fallait pas que les droits acquis aux tiers pussent en souffrir; aussi cette extinction des prérogatives appartenant aux auteurs et artistes ne se produit-elle que moyennant deux conditions : 1o qu'il n'y ait pas de créanciers non payés; 2o que l'auteur ou ses représentants n'aient point cédé leurs droits. Dans ce dernier cas, les cessionnaires continueraient de jouir pendant cinquante ans de la faculté d'exploiter l'œuvre de

---

1. Comparez M. Fliniaux, op. cit.; p. 73.

l'auteur. Dans le premier cas, on pourrait certainement soulever des difficultés; mais en définitive, la loi s'explique par cette pensée que les créanciers pourront ou exploiter les droits de l'auteur, ou les céder à un éditeur pour un prix déterminé.

L'on peut voir, en dernière analyse, que la nouvelle loi des 14-19 juillet 1866 n'est pas, en théorie, à l'abri de toute objection : de plus, son application pratique[1] soulève, chaque jour, des difficultés nombreuses. Nous nous hâtons d'arriver à la législation comparée, dont l'étude forme l'objet de la troisième partie de ce travail.

---

1. Comparez les judicieuses observations et les critiques fondées de M. Fliniaux, op. cit., p. 80 à 88. — Voyez aussi sur l'état de la jurisprudence française, le même ouvrage, p. 22 à 38; — ajoutez une étude, par M. André Morrillot, substitut du procureur général près la Cour d'appel de Douai, sur le droit exclusif de reproduction qui appartient aux artistes dans l'empire d'*Allemagne*. Ce travail est annoncé comme devant paraître prochainement, dans le *Bulletin de la Société de législation comparée*, du mois de juin 1877, pag. 359 et suivantes.

TROISIÈME PARTIE

Législation comparée en matière de propriété littéraire
et artistique[1].

Les différentes nations civilisées se sont, surtout depuis soixante années environ, occupées de réglementer le droit de propriété littéraire et artistique, ou encore les droits de reproduction, ou, suivant la désignation la plus généralement usitée, les droits d'auteur.

Les lois les plus récentes, parvenues à notre connaissance, sont :

En *Italie*, les lois du 25 juin 1865, et du 10 août 1875. (*Annuaire de législation étrangère*, publié par les soins de la Société française de législation comparée, année 1876, T. V, pag. 565 à 567.)

En *Alsace-Lorraine*, la loi du 27 janvier 1873, qui déclare applicable à l'Alsace-Lorraine la loi allemande du 11 juin 1870 sur les droits d'auteur. (Annuaire de 1874, T. III, pag. 541.)

En *Allemagne*, la loi du 11 juin 1870, concernant les droits d'auteur. (Annuaire de 1872, T. Ier, pag. 205 à 223.)

Nous nous placerons successivement à trois points de vue dans cette exposition :

1° En ce qui concerne les œuvres littéraires;

2° En ce qui concerne la reproduction et la représentation des œuvres dramatiques;

3° En ce qui concerne les œuvres d'art. — De là trois sections distinctes.

SECTION PREMIÈRE

Étendue du droit de propriété en ce qui concerne les œuvres littéraires.

Nous étudierons successivement l'état de la législation en Espagne, en Russie, en Angleterre, en Italie, en Autriche, en Allemagne et en Belgique.

1. Nous avons puisé nos renseignements, jusqu'en 1867, dans l'excellent ouvrage de

Une observation générale doit, tout d'abord, être faite : c'est qu'en Europe, aucune nation n'a adopté le système de la perpétuité des droits d'auteur. Sans doute, sa vie durant, l'auteur jouit d'un droit exclusif ; mais après sa mort, le droit de ses héritiers se trouve limité par un laps de temps qui varie suivant les États ; quant à la vocation héréditaire de chacun des successibles, on suit, en cela, les règles et les gradations de droit commun de l'échelle héréditaire.

En *Espagne*, l'auteur jouit d'un droit de propriété exclusif pendant *toute sa vie*. Il peut en disposer comme d'un droit de propriété ordinaire, le donner, le vendre, l'échanger, le transmettre par testament, etc. — Le droit des successeurs est limité à *50 ans;* passé ce délai, l'œuvre de l'auteur tombe dans le domaine public, sans qu'il y ait lieu de distinguer entre les cours publics, sermons, plaidoyers, articles de journaux, etc. — Toutefois, le droit des héritiers est limité à 25 années, si ces œuvres ne sont pas réunies en une même collection. (*Loi du 10 juin 1847.*)

En *Russie*, l'auteur jouit également d'une propriété exclusive pendant toute sa vie. Le droit des héritiers est, de même, limité à 50 ans; mais il y a une législation particulière pour les discours, plaidoyers, lettres intimes, etc. (*Registre des lois civiles. — Code pénal de* 1832. — *Ukase du* 26 *janvier* 1846. — *Ukase du* 7 *mai* 1857.)

En *Angleterre*, le droit de l'auteur dure, toute sa vie, avec les mêmes caractères qu'en Espagne : mais il offre cette particularité d'être considéré comme un *droit mobilier*, sans doute à cause du bénéfice pécuniaire qu'il procure.

Le droit des héritiers est également moins étendu : il persiste durant 42 années seulement à partir de la 1re publication, et il est réglé de telle sorte que si l'auteur vit plus de 42 années depuis la publication, on accorde aux successeurs un délai supplémentaire de 7 années. Jamais les auteurs ne perdent la propriété d'un manuscrit *non publié*. Les droits de l'auteur sont les mêmes sur ses discours ou leçons orales publiées : mais il ne peut point s'opposer à la publication de son cours, s'il est rétribué pour parler publiquement. (*Actes des règnes de Georges III, de Georges IV et de Victoria,* 1er *juillet* 1842 *et* 29 *juillet* 1862.)

En *Italie*, la matière est régie par une loi récente du 10 août 1875.—L'auteur a, sur son œuvre, le droit exclusif de représentation et d'exécution, à la condition d'avoir rempli les formalités du chapitre III de la loi du 25 juin 1865 qui régissait la matière auparavant et qui est modifiée en plusieurs points par la loi nouvelle.

Quant à la durée de ce droit exclusif de représentation et d'exécution, elle est limitée, par l'article 3, au délai fixe de 80 ans à partir de la première publication, tant pour l'auteur que pour ses ayants-cause, et sans qu'il y

M. Fliniaux, *sur la Propriété littéraire*, et depuis 1867 jusqu'à la présente année 1877, dans l'*Annuaire de législation étrangère*, publié par la Société de législation comparée.

ait lieu de diviser cette durée par périodes, comme le faisaient les articles 8 et 9 de l'ancienne loi du 25 juin 1865.

Voici, au reste, les termes de la loi italienne du 10 août 1875 sur les droits d'auteur (*Annuaire de législation étrangère*, 1876, pag. 564 à 567). Cette loi comprend huit articles ainsi conçus : « *Article premier*. — L'auteur d'une œuvre propre à être représentée en public, inédite ou publiée par l'impression ou par tout autre moyen, a sur elle le droit exclusif de représentation et d'exécution, à la condition d'avoir rempli, relativement, soit à la publication, soit à la représentation, les formalités du chapitre III de la loi du 25 juin 1865, sans préjudice des dispositions des articles suivants. — *Art. 2*. — Nul ne pourra représenter ou exécuter une œuvre propre à être représentée en public, et sujette au droit exclusif mentionné en l'article 1er, sans le consentement de l'auteur ou de ses ayants-cause. — *Art. 3*. — Le droit exclusif de représentation et d'exécution dure, pour l'auteur et ses ayants-cause, pendant quatre-vingts ans à partir du jour de la première représentation ou de la première publication de l'œuvre. Après la période ci-dessus indiquée, l'œuvre tombe dans le domaine public en ce qui concerne la représentation et l'exécution. — *Art. 4*. — Les déclarations, concernant les œuvres inédites faites pour un spectacle public, pour lesquelles on veut se réserver le droit exclusif de représentation et d'exécution, devront être accompagnées d'un manuscrit de l'ouvrage, qui sera restitué après l'apposition du visa de représentation. — *Art. 5*. — Le temps utile pour la déclaration et pour les dépôts requis en garantie des droits d'auteur, est de trois mois à dater de la publication des œuvres en tout ou en partie, ou de la première représentation, pour les œuvres propres à être représentées en public. — La déclaration et le dépôt tardifs seront également efficaces, sauf le cas où, dans le temps écoulé entre l'échéance du terme précité et le moment où s'effectuent la déclaration et les dépôts, des tiers auraient reproduit l'œuvre ou auraient fait venir de l'étranger des exemplaires pour les revendre. — En pareil cas, l'auteur ne pourra pas s'opposer au débit du nombre d'exemplaires déjà imprimés ou qui auraient été importés. A défaut d'entente sur le moyen d'assurer l'application de la présente disposition, l'autorité judiciaire décidera. — *Art. 6*. — Les extraits des déclarations faites, soit en temps utile, soit tardivement, seront publiés, par les soins du gouvernement, chaque mois, dans la *Gazette officielle* du royaume. — *Art. 7*. — Quand les intéressés ne seront pas d'accord sur l'annulation, la modification ou le transport de déclarations déjà faites, il appartient à l'autorité judiciaire d'en connaître, par la voie sommaire, conformément aux droits reconnus et aux règles établies par la présente loi et par celle du 25 juin 1865, n° 2337. — Le gouvernement, sur la demande des intéressés et à leurs frais, comme appendice à la plus prochaine publication des extraits des déclarations, donnera connaissance des annulations, des modifications et des transports ordonnés par l'autorité judiciaire; comme aussi de ceux consentis par les parties ou survenus par succession. — *Art. 8*. — La présente loi est également applicable aux œuvres déjà publiées, représentées ou exécutées. — Si le délai utile, fixé par l'article 25 de la loi du 25 juin 1865, n'est pas encore passé, on observera le terme établi par l'article 5 de la présente loi, à partir du jour où elle sera mise en vigueur. »

En *Autriche,* la législation consacre le droit exclusif de l'auteur, avec faculté de cession pendant toute sa vie : pour les héritiers, ce droit est limité à 30 ans ; mais le gouvernement peut prolonger le délai.

Quant aux articles de journaux, ils peuvent être copiés, à la condition d'en indiquer la source. (*Loi du* 19 *octobre* 1846 ; *Code civil,* 1ᵉʳ *juin* 1811.)

En *Allemagne,* la règle en cette matière est posée par la loi du 11 juin 1870 *concernant les droits d'auteur,* à laquelle il faut joindre la loi du 22 janvier 1873, déclarant applicable à l'Alsace-Lorraine la loi allemande du 11 juin 1870. C'est plutôt une loi contre la contrefaçon, qu'une loi sur la propriété littéraire proprement dite.

Le droit de l'auteur est proclamé exclusif, cessible et transmissible. (Art. 1, 2, 3.)

Toute reproduction d'un écrit par des procédés mécaniques, faite sans le consentement de l'ayant-droit, est qualifiée contrefaçon et est interdite. (Art. 4.)

La protection contre la contrefaçon a pour durée, la vie de l'auteur et un délai de 30 ans après sa mort. (Art. 8.)

Les actions pénales en contrefaçon sont prescrites par trois ans (art. 33), ainsi que les actions civiles en dommages et intérêts : comparez la loi *du* 11 *juin* 1870, (*Annuaire de législation comparée,* 1872, T. I, pag. 205 à 223.)

En *Belgique,* le droit exclusif de l'auteur est reconnu, pendant sa vie, cessible et transmissible d'une manière absolue. Le droit des héritiers est fixé à vingt ans. (*Lois du* 23 *septembre* 1814 *et du* 25 *janvier* 1817. — *Arrêté du* 21 *octobre* 1830. — *Pour la sculpture, loi française du* 17 *juillet* 1793.)

SECTION DEUXIÈME

Étendue des droits d'auteur, en ce qui concerne la reproduction et la représentation des œuvres dramatiques et musicales.

Il faut ici distinguer, d'une manière constante, deux ordres de principes, les uns relatifs à la *publication,* les autres relatifs à la *représentation* des œuvres dramatiques et musicales.

Pour l'*Espagne* d'abord, en ce qui touche la *publication,* les principes sont les mêmes que pour les œuvres littéraires. Les délais sont identiques : voyez donc *suprà.*

En ce qui touche la *représentation,* l'auteur, pendant sa vie, possède un droit exclusif. — Le droit de ses successeurs est limité à 25 ans.

En *Russie,* les règles sont identiquement les mêmes que pour les œuvres

littéraires, au double point de vue de la publication et de la représentation :
voyez *suprà*.

En *Angleterre*, nous rencontrons également les mêmes principes que
pour la propriété littéraire : voyez *suprà*. Le délai de 42 ans commence à
courir du jour de la première représentation.

En *Italie*, nous rencontrons un délai fixe de 80 années accordé tant à
l'auteur qu'à ses ayants-cause, pourvu que le dépôt soit fait en temps utile.
(Art. 5, loi du 10 août 1875.) Voyez *suprà*.

En *Autriche*, nous trouvons, pour la *publication*, les mêmes règles que
pour la propriété littéraire, sauf une particularité pour les œuvres musicales : l'auteur qui s'est réservé le droit de faire des thèmes ou arrangements, doit les exécuter, sous peine de déchéance, dans l'année de sa déclaration. Quant à la *représentation*, le droit de l'auteur est reconnu pendant
toute sa vie. — Dix ans sont accordés à ses successeurs, mais à la condition toutefois que l'œuvre n'ait été ni gravée, ni publiée.

En *Allemagne*, le législateur a promulgué, pour la *publication*, les mêmes
principes que pour les œuvres littéraires : voyez *suprà*.

En ce qui concerne la *représentation*, le droit exclusif, pendant toute la
vie de l'auteur, est proclamé. Pour les œuvres musicales, l'auteur doit
s'en être réservé, sur le titre, le droit de représentation publique.

Le droit exclusif est maintenu durant *trente ans* après la mort de l'auteur,
sauf certaines modifications ou exceptions relatives aux publications ano-
nymes, en collaboration, etc. (*Art.* 8 *à* 17, *loi du* 11 *juin* 1870 ; *Annuaire*,
1872, T. I, p. 208 *in fine* à 210.)

En *Belgique*, nous trouvons les mêmes règles que pour la propriété littéraire, en ce qui concerne la *publication*. — Les descendants seuls, et, à leur
défaut, la veuve ont, durant dix ans, le droit exclusif de *représentation* :
comparez *suprà*.

SECTION TROISIÈME

Étendue du droit de propriété, en ce qui concerne les œuvres d'art ?

En *Espagne*, on ne fait aucune distinction entre ces produits et les œuvres
littéraires ; par suite il faut appliquer ici les règles que nous avons indi-
quées plus haut.

En *Russie*, il n'y a également pas lieu de distinguer ; on trouve seulement quelques règles particulières en ce qui concerne le droit de copie
soit en peinture soit en sculpture : voyez *suprà*.

En *Angleterre*, il faut distinguer la reproduction par la gravure et la reproduction par la sculpture.

La reproduction par la gravure donne à l'auteur un droit exclusif pendant toute sa vie et à ses successeurs le même droit exclusif durant sept
années.

La reproduction par la sculpture donne la propriété à l'auteur et à ses successeurs pendant 14 ans à partir de la première publication. Si l'auteur survit à cette période de quatorze ans, vingt-huit années de droit exclusif lui sont accordées : ce délai court toujours à compter de la première publication.

En *Italie,* nous trouvons les mêmes principes que pour les œuvres littéraires. (*Lois des 25 juin 1865 et 10 août 1875 combinées.*) Voyez, *suprà,* la reproduction de cette dernière loi.

En *Autriche,* la législation admet la liberté la plus large pour exercer le droit de copie, qui est assimilé à la production d'une œuvre originale. Pour échapper à cet inconvénient, il faut que l'auteur se soit expressément réservé le droit de reproduction et l'ait exercé, sous peine de déchéance, dans les deux années de la mise de son œuvre d'art dans le commerce. Encore ne peut-il pas empêcher toute reproduction par des procédés nouveaux et différents de ceux employés par lui-même : ainsi la sculpture d'un dessin ou réciproquement le dessin d'un groupe de sculpture sont autorisés, sans aucune restriction. (Loi du 19 octobre 1846, Code civil du 1er juin 1811.)

En *Allemagne,* la loi du 11 juin 1870, dans ses articles 43 et 45 à 56, établit les mêmes principes, pour les dessins qui ne sont pas à considérer comme des œuvres d'art et pour les œuvres littéraires : voyez l'*annuaire de législation étrangère* (1872), T. I, pag. 205 et surtout 218 à 220. Le texte de la loi du 11 juin 1870 s'y trouve intégralement rapporté. Mais pour les œuvres d'art proprement dites, la question a été réservée par le *Reichstag* et doit faire l'objet d'une loi spéciale. Nous n'avons nulle part rencontré la moindre trace de cette loi spéciale qui n'est probablement pas encore promulguée.

En *Belgique,* l'auteur d'une œuvre d'art en conserve la propriété exclusive pendant toute sa vie.

Mais, en ce qui concerne les héritiers et autres successeurs de l'artiste, il faut poser une distinction : s'agit-il de la reproduction d'une œuvre d'art par la gravure, la durée du droit est de vingt années; cette durée est, au contraire, réduite à dix ans seulement, s'il s'agit d'une reproduction par la sculpture. (Lois du 23 septembre 1814, du 25 janvier 1817, du 21 octobre 1830, et du 19 juillet 1793.)

Observons, en terminant, que de nombreuses conventions internationales sont, en outre, intervenues entre la France et les pays étrangers pour réglementer la propriété littéraire et artistique. La nécessité de ces arrangements s'imposait aux divers gouvernements : car, la plupart du temps, les lois particulières de chaque pays ne se sont préoccupées que des œuvres publiées par des nationaux, ou par des étrangers sur le territoire même, en laissant de côté toute protection des œuvres publiées au-delà de la frontière ou dans une autre langue. Voyez le texte des différentes conventions internationales, jusqu'à 1867 du moins, dans l'excellent traité de la *Propriété littéraire et artistique,* publié par M. Fliniaux, pag. 91 à 215. Nous ne pouvons pas entrer ici dans le détail de ces conventions, dont l'examen nous entraînerait au-delà des bornes d'un simple article de Revue.

Quoi qu'il en soit, cette rapide esquisse de la législation internationale fournit la preuve irrécusable de l'infériorité manifeste de notre législation française, en matière de propriété littéraire et artistique. La dernière loi des 14-19 juillet 1866 ne s'est guère expliquée que sur la durée du droit des auteurs, laissant ainsi aux tribunaux la réglementation souveraine d'une foule de points pratiques d'une importance assurément considérable. Il semble même que le législateur ait agi de la sorte avec préméditation. L'exposé des motifs de la nouvelle loi contient, en effet, la déclaration suivante : « Il n'y a pas lieu à essayer de nouveau une réglementation qui n'a pas abouti en 1825 et qui a échoué à grand bruit en 1841. La plupart des détails sont fixés par une jurisprudence acquise ; il serait imprudent, pour les autres, d'enchaîner la liberté des conventions et l'appréciation du juge par des dispositions arbitraires qui ne s'imposeraient pas à la raison publique, et qui substitueraient des présomptions inflexibles à la variété des circonstances, à la souplesse des changements dans les habitudes de la librairie. » Ces motifs ne nous paraissent point suffisamment sérieux ; le rôle vrai de la jurisprudence consiste à interpréter les textes promulgués et non pas à créer des solutions. Nous appelons donc, de tous nos vœux, une réglementation d'ensemble, facile d'ailleurs à rédiger à l'heure actuelle, en prenant comme base la législation si complète établie en Allemagne par la loi du 11 juin 1870, en Alsace-Lorraine par la loi du 27 janvier 1873, et en Italie par les deux dernières lois du 25 juin 1865 et du 10 août 1875.

FIN.

TABLE DES MATIÈRES

FIN DE LA TABLE.

Fontainebleau. — M. E. Bourges imp. breveté.

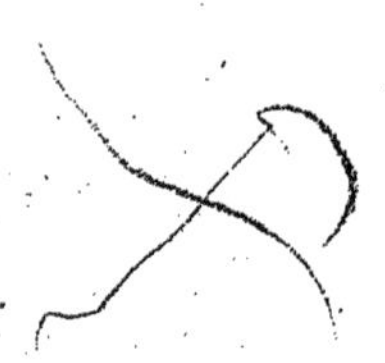

DU MÊME AUTEUR

TRAITÉ
DE LA POSSESSION DES MEUBLES
ET DES TITRES AU PORTEUR

SECONDE ÉDITION

Publiée avec la collaboration de Jules LONFIER,

AVOCAT, DOCTEUR EN DROIT.

MARESCQ Aîné, Éditeur.

— 1875 —

Un fort volume in-8° : 12 fr.

SOUS PRESSE

DE LA NATURALISATION
ET
DES EFFETS GÉNÉRAUX DES LOIS

(ÉTUDES DE DROIT INTERNATIONAL PRIVÉ)

Un volume in-8°.

MARESCQ Aîné, Éditeur.

9 782019 256920